DIEU ET LA LIBERTÉ.

OBSERVATIONS

D'UN

PÈLERIN

SUR LES DEVOIRS DE TOUS LES HOMMES
ENVERS EUX-MÊMES.

Prix : 1 fr. 50 c.

ANNÉE 1831.

NANCY, DE L'IMPIMERIE DE C.-J. HISSETTE,
rue de la Hache, n.º 53.

PRÉLUDE.

L'entrelacement de ces deux mots, Dieu et la Liberté, a sans doute des attraits singuliers, puisque l'*Avenir* s'en est servi, et lui a donné une place dans un coin de son journal.

Séduit par cet exemple, j'ose mettre Dieu et la Liberté en tête de mes Observations ; mais j'explique l'union de ces deux mots, de crainte qu'on n'y attache la moindre idée fabuleuse ou populaire.

Et d'abord, quel est *ce Dieu* qui marche devant les Observations d'un Pèlerin ? Serait-ce l'un d'entre ceux qui n'ont jamais donné signe de vie ? nullement. Le Dieu qui préside à mes Observations, c'est *le Dieu vivant qui est au milieu de nous.* (1)

Et la Liberté ? ce n'est certainement celle qu'on représente couronnée de lauriers, ou ayant sur sa tête un bonnet romain, ni celle qui favorise les révoltes contre les Princes. Serait-ce donc celle qui rend les hommes esclaves de leurs passions, de leurs opinions bizarres ? Eh ! une telle liberté sied mal aux Observations d'un Pèlerin ; il en est affranchi, et cependant il est libre. Je le tiens d'un grand Homme : « Vous « êtes libres, nous dit-il, non pour vous servir de « votre liberté comme d'un voile qui couvre vos mau- « vaises actions, mais pour agir en serviteurs de « Dieu. » (2)

Voilà mon affaire. Je suis libre et le serai toujours. J'écris pour tous les hommes qui vivent dans la dépen-

_____

(1) Josué, chap. 3, ⍏. 10.

(2) Le Prince des Apôtres, dans sa 1ʳᵉ Ép., chap. 2, ⍏. 16.

dance. Les avis que je leur donne d'après les Observations que j'ai faites dans mes pèlerinages, ne tendent qu'à les rendre jaloux de leurs propres intérêts. Tous les hommes sont intéressés à éteindre et à bannir de leur cœur la moindre étincelle de révolte contre les Princes régnants. Tout homme a des devoirs à remplir, et s'il s'en acquitte fidèlement, il sera considéré de tous les hommes qui pensent. Voilà, diront-ils, un parfait honnête homme. Plût au ciel que tous soient de même : c'est le but de mon travail.

Le récit de mes Observations déplaira sans doute aux personnes qui ne professent pas la même croyance religieuse que le Pèlerin ; elles rideront le front en lisant cette ébauche de plaintes pour la vérité et la justice ; mais si ces personnes voulaient me faire l'honneur de lire cet ouvrage sans prévention, elles en seraient moins fâchées. Il y aura d'autres personnes qui croiront ne devoir attacher aucune importance à mes Observations, ou plutôt qui les regarderont comme ridicules. Enfin d'autres diront que le Pèlerin n'est guère tolérant ; mais on lui passera ce défaut et plusieurs autres quand on verra que le récit de ses Observations et les avis qui en résultent, ont un but louable, le bien de la Religion, le maintien de la paix et de la tranquillité publique, la destruction des préjugés qui gâtent tout.

J'écris en serviteur de Dieu. Et pour concilier la charité envers mon prochain, avec la justice que je dois à mon caractère sacerdotal, je supprime les noms des personnes qui figurent dans cette histoire. Je signale leur profession, il est vrai ; mais cet acte indispensable ne déroge point à la perfection de leur état. L'état ecclésiastique n'est appelé parfait, parce qu'il est exempt d'hommes défectueux, mais parce qu'on y corrige ceux qui le sont, et que l'on n'y tolère ceux qui sont incorrigibles.

OBSERVATIONS
D'UN
PÈLERIN

*Sur les devoirs de tous les hommes envers
eux-mémes.*

En faisant les courses de mon pèlerinage par la France, je
suis arrivé, il y a dix-huit mois, dans un lieu retiré, où,
sans aller plus loin, je pouvais vaquer à mes dévotions, et
il me plut d'y fixer ma demeure. Ce lieu, limitrophe d'une
ville sans Évêque, offrit, l'année dernière à mes Observations, la négligence d'un Pasteur d'âmes à remplir dans son
église, le devoir consciencieux de chanter aux Offices divins,
l'Oraison marquée dans le Missel, qui sert à prier pour les
Rois français, avec la note d'y exprimer le nom du Roi
régnant.

Appuyé sur les principes de la saine doctrine, je dus me
déclarer à temps et à propos contre ladite négligence. Je
mis en œuvre tous les moyens dont je suis capable pour faire
revenir M. notre Curé de son erreur, et ne pouvant pas
y réussir, j'écrivis à un digne prêtre, Supérieur des ecclésiastiques de la Ville et de ses environs, la lettre qu'on va
lire, datée du 20 Mai 1831.

« Monsieur le Supérieur, souffrez, je vous prie, qu'un
« prêtre septuagénaire recoure à votre autorité pour lui
« déférer un abus plus ou moins grave aux yeux des
« hommes, mais qui ne fait aucun honneur à la Religion,
« ce me semble.

« Le brave Curé de la Paroisse de N... croit, par erreur,
« qu'il lui est permis de résister vaillamment au devoir
« consciencieux de chanter, les dimanches et fêtes pour le
« Roi Philippe I.er, l'Oraison marquée dans le Missel, la-
« quelle contient les vœux à faire pour la conservation du
« Roi régnant. Comme cette omission méritait la correction
« évangélique ordonnée dans saint Matthieu, chap. 18 ;
« pour obéir à ce précepte, il y a huit mois que je fis servir
« ma première tentative à réveiller le zèle sacerdotal de
« notre bon Curé, en lui objectant l'exemple de ses parois-
« siens qui s'empressent de chanter spontanément le verset
« *Domine salvum fac Regem....*, afin qu'il se rendît à
« l'ordre reçu de chanter l'Oraison pour le Roi.

« Notre brave Pasteur me répondit *que Dieu n'a pas*
« *besoin de mots*, comme s'il ignorait que l'Église ne cesse
« à peine de crier au Ciel, en y envoyant des mots. A
« mesure que je redoublais d'instances, ce brave Pasteur
« éludait mes observations par de puériles défaites, bien
« pardonnables aux esprits malavisés. Il s'écria d'un air de
« satisfaction : *le Roi ne me fait aucun bien, il ne peut*
« *pas me demander des prières, il n'est pas Roi légitime.*

« Ce genre de réponses ne doit pas nous surprendre, car
« les préjugés assoupissent la raison, et il faut la réveiller.

« D'abord, M. notre Curé n'ignore pas qu'il est aussi
« consciencieusement tenu *à prier pour* un Roi qui ne lui
« aurait fait aucun bien, que pour tout autre qui lui
« aurait fait du mal (1). A combien plus forte raison
« devrait-il prier pour un Roi qui fait agir ses dispositions
« bienveillantes envers ce Pasteur ? Or, Philippe I.er a em-
« ployé sa sollicitude royale à honorer notre brave Pasteur
« d'une faveur inestimable. La faveur s'explique, et silence
« aux passions. M. notre Curé, sans l'égide du Roi
« Philippe I.er, ne gémirait-il pas aujourd'hui, contre son

---

(1) Évang. de St. Matt., chap. 5, ✝. 44.

« gré, sous la puissance brutale d'une monstrueuse anar-
« chie? Mais ce bienfait est général, m'objecterait-il, j'en
« conviens : aussi est-il vrai que nous y trouvons tous notre
« part, et c'est précisément le prix de la faveur. En consé-
« quence l'amour que notre Curé doit avoir pour son état,
« l'engage à se montrer reconnaissant du bien spécial que la
« bienveillance de Philippe I.er répand sur son Clergé.

« Le cri d'un peuple, épris de joie, nous a fait entendre
« publiquement à Paris, que le Clergé ne tient plus
« aujourd'hui les rênes de l'État. M. le Curé N... en
« serait-il fâché? je ne puis le croire, parce que ce brave
« Pasteur est sans doute persuadé que *les ministres de
« Jésus — Christ ne doivent point s'ingérer des affaires
« séculières qui les détournent de leur ministère* (1). Et
« c'est en vue de cette maxime divine, dictée même par
« la raison, que Philippe I.er a expressément défendu au
« Clergé de se mêler de politique, et l'a invité, par une cir-
« culaire, à ne s'occuper que de prêcher l'Évangile (2)
« et d'autres fonctions du saint ministère. C'est comme si
« Sa Majesté nous avait dit en toutes lettres : Prêtres du
« Seigneur, restez dans vos sanctuaires, la politique ne
« s'allie pas aux vertus que votre état exige. Et par là,
« Philippe I.er a fait une leçon au public, en se montrant
« Roi chrétien, et véritable protecteur de l'Église. Voilà
« un bienfait que nous ne saurions jamais apprécier à sa
« juste valeur. Il serait à désirer que l'*Avenir*, guéri de sa
« brûlante démangeaison de politique, fît servir, un jour,
« son éloquence à nous faire goûter l'ambroisie des faveurs
« inestimables que la bienveillance royale de Philippe I.er
« répand sur nous.

(1) 2.e Ép. de St. Paul à Timoth., chap. 2, ẏ. 4.

(2) Par suite de cette sage ordonnance, on m'a assuré que dans une ville
de France, un prêtre s'est permis d'appeler l'attention de son auditoire, et
lui dire en chaire : *Vous le voyez, je ne prêche que l'Évangile.* Ce ministre,
il est vrai, ne voyait pas alors qu'un tel persiflage pourrait choquer tant
soit peu la bienséance avec le lieu saint, et devenir le *Raca* défendu par
l'Évangile, Matthieu, chap. 5. ẏ. 22. Cet avis ne lui fera pas de mal.

« En second lieu, quant au pouvoir de nous demander
« des prières, comme il est évident que tous les Rois
« chrétiens nous en ont demandé, cet acte suit le pouvoir
« en bonne dialectique, d'après la maxime de l'École : *De*
« *actu ad potentiam valet consequentia;* sans compter
« que notre sainte Religion devance tous les ordres que les
« Rois peuvent nous donner de prier pour eux : *Je vous*
« *conjure,* c'est Dieu qui parle, *que l'on fasse des sup-*
« *plications, des prières, des demandes et des actions de*
« *grâces pour tous les hommes ; pour les Rois, et pour*
« *tous ceux qui sont élevés en dignité* (1).

« Et pour en venir aux exemples, le premier *je puis me*
« *glorifier dans le Seigneur* (2), et lui rapporter toute la
« gloire de mon exactitude à remplir journellement ce pré-
« cepte de l'Apôtre. J'y suis doublement obligé, car ayant
« sous les yeux l'exemple des anciens fidèles qui priaient
« avec ferveur pour des Monarques païens, puis-je me
« dispenser de prier pour les Rois chrétiens? En montant
« plus haut, je vois encore, et je ne me lasse pas d'admirer
« le noble et religieux désintéressement des Juifs captifs en
« Babylone. Ces vrais Israélites envoient de l'argent à leurs
« frères de Jérusalem, en les suppliant *d'acheter des ho-*
« *locaustes, des hosties pour le péché, et d'adresser à*
« *Dieu des offrandes et des prières pour la vie de Na-*
« *buchodonosor et de Balthasar son fils, afin que leurs*
« *jours sur la terre soient comme les jours du Ciel* (3).
« Quel contraste de sentiments entre d'infortunés Juifs et
« d'heureux Chrétiens d'aujourd'hui !

« En troisième lieu, M. le Supérieur, comme *il n'y a*
« *point de puissance qui ne vienne de Dieu, et que c'est*
« *lui qui a établi celles qui sont sur la terre* (4), il est
« sans contredit que PHILIPPE I.ᵉʳ est notre Roi; mais *il est*

---

(1) 1ʳᵉ Ép. à Thimot., chap. 2, ⁋. 2.
(2) 2.ᵉ Ép. aux Corinth., chap. 10, ⁋. 17.
(3) Baruch, chap. 1, ⁋⁋. 10, 11, 13.
(4) Ép. aux Rom., chap. 13. ⁋. 1.

« dit-on, *Roi illégitime*. Voilà deux mots qui impliquent
« contradiction depuis un an que ce Prince règne. D'ailleurs,
« nous ne pouvons pas pénétrer dans les conseils d'un Dieu
« qui préside à tous les événements de ce bas monde.

« Cependant, des personnes qui ne jugent que sur les
« apparences, et qui sont déterminées à croire toujours ce
« qu'elles ont cru une fois, nous répéterons encore que
« Philippe Ier n'est pas Roi légitime, sans faire attention
« qu'il ne faut rien moins que l'évidence, quand il s'agit
« de jeter une tache si odieuse sur les grands Hommes,
« particulièrement étant chrétiens. Et l'évidence même
« d'une telle illégitimité, tant que la loi n'en dit rien, n'est
« qu'illusoire. La loi parlerait, nos devoirs envers un Roi
« illégitime seraient toujours les mêmes.

« La loi romaine déclare que Néron est un usurpateur,
« un monarque intrus; les Apôtres lui sont soumis comme
« à leur souverain légitime, ils lui obéissent en tout ce qui
« n'est pas contraire à la loi de Dieu, selon leur maxime :
« *Il faut obéir à Dieu plutôt qu'aux hommes* (1), et ils
« envoient pour lui au ciel de ferventes prières.

« La prière pour le Roi, que M. notre Curé néglige, se
« répète dans les églises de Paris tous les dimanches et
« fêtes, et même les jeudis de chaque semaine, au salut du
« Saint-Sacrement, j'en ai la conviction (2). Et quand bien
« même cette oraison marquée dans le Missel, ne serait
« qu'un simple conseil évangélique, le prêtre qui se refu-
« serait à la chanter aujourd'hui dans sa paroisse, résisterait

---

(1) Act. des Ap., chap. 5, ꝟ. 29.

(2) Il m'est impossible de dissimuler qu'au mois d'Octobre 1830, après
qu'on chantait trois fois à Paris le *Domine salvum fac Regem*, on privait
le Dieu trois fois saint de la doxologie: *gloria Patri, et Filio, et Spiritui
sancto*. Et comme l'omission de cette doxologie hors du temps du carême ne
peut être nullement l'indice de la mort de Notre Seigneur Jésus-Christ,
elle devait nous indiquer un deuil tout autre qui serait toujours peu con-
forme à l'esprit de notre sainte Religion. J'espère que le Ciel me saura bon
gré de cette observation.

« à l'ordre établi, et à l'usage de toutes les églises de
« France, il blesserait la bienséance religieuse.

« Il est temps, M. le Supérieur, que je revienne à mon
« propos au sujet de la correction évangélique.

« M. notre Curé ayant cru devoir rejeter, il y a huit
« mois, les observations que je dus lui faire *seul à seul* (1);
« comme je devais encore *prendre avec moi, du moins, une*
« *personne* (2), je mis par écrit d'autres observations, et les
« adressant, le 18 Septembre 1830, à un jeune ecclésias-
« tique, je le priai de joindre l'ardeur de son zèle aux ex-
« pressions de ma lettre, pour bannir de l'esprit de notre
« Curé, les préjugés dont il était imbu. J'ignore encore si
« notre Pasteur prit connaissance de cette lettre; il paraît
« que non, puisque ce Pasteur continue de retrancher au
« Roi la prière *Quæsumus....*, omission indue : et de peur
« de paraître l'approuver par ma présence, j'ai résolu de
« ne jamais aller à la Messe de notre paroisse.

« En tout et partout, M. le Supérieur, frappé de l'idée
« que M. notre Curé était dans une erreur sérieuse et
« grave à l'égard d'une négligence qui du moins n'est pas
« édifiante; comme notre divin Sauveur nous ayant donné
« le précepte de la correction fraternelle, nous ait prescrit
« pour la faire, un ordre dont l'inversion ne peut être
« que coupable; j'ai fait les deux premiers pas, il me reste
« le troisième à faire, *celui de le dire à l'Église;* (3) *Dixi.*

« Je suis avec respect, etc.

Je veux bien que la longueur de cette lettre ait causé de
l'ennui à M. le Supérieur; mais s'il m'y eût fait une réponse, il m'aurait évité la peine de lui écrire une seconde
fois, sous la date de 25 juin 1831, les deux lettres qui
suivent :

« M. le Supérieur, je reviens à la charge sur l'appel que

---

(1) Évang. de Saint Matth., chap. 18, ꝟ. 15.
(2) *Id. id.* ꝟ. 16.
(3) *Id. id.* ꝟ. 17.

« j'ai eu l'honneur de vous adresser en date du 20 du mois
« de Mai dernier, au sujet de la négligence de M. le Curé
« N... à chanter l'Oraison *Quæsumus.....*, marquée dans
« le Missel, et employée à prier pour le Roi. Curieux de
« savoir quel en était le résultat, je suis allé à la Messe pa-
« roissiale le 12 de ce mois. M. le Curé étant resté chez
« lui ce jour là, un peu malade, ce fut un autre prêtre
« qui célébra la solennité de saints Mystères, et qui à la fin
« de la grand'Messe, chanta l'Oraison *Quæsumus....*, et y
« exprima le nom du Roi. Comptant, par ce fait, sur l'heu-
« reux succès de mon appel auprès de vous, je pris la ré-
« solution de ne jamais manquer à la Messe paroissiale. Et
« comme je m'y fus rendu en conséquence le dimanche
« suivant (le 19), M. le Curé qui chanta la Messe, nous
« entretint en chaire d'un fait bon à savoir. Son premier
« début fut de nous avertir *qu'il était menacé,* et il dé-
« fendit à ses paroissiens d'en apporter chez lui des rap-
« ports. *Ce serait,* nous dit-il, *une cruauté, une inhu-
« manité même, que d'aller effrayer ceux qui m'envi-
« ronnent.* Et notez, M. le Supérieur, que ceux qui
« environnent notre Curé chez lui, entendaient presque
« tous son sermon, excepté l'ancienne et respectable dame
« qui le nourrit, lui donne à loger, et lui fait beaucoup
« de bien. Je ne sais pas si cette manière de prêcher l'É-
« vangile est bien loyale. Quoiqu'il en soit, après cette
« invitation virtuelle à nous occuper tous, même à l'église,
« à veiller soigneusement aux intérêts personnels et péris-
« sables de M. notre Curé, il eut le bon sens de nous faire
« un discours sur la charité ; l'ayant fini, il se rendit à l'au-
« tel, et il y portait sans doute un cœur enflammé d'amour
« pour Dieu et pour son prochain, à quelque petite chose
« près, puisque notre brave Pasteur ayant fini la grand'
« Messe, rentra dans la sacristie, sans s'être acquitté du
« devoir que lui impose du moins l'usage de chanter l'Oraison
« pour PHILIPPE I.er son prochain, son bienfaiteur et son
« Roi ; outre que *Dieu nous commande de prier pour tous*

« *les hommes ; pour les Rois :* rien de plus clair et de plus
« précis que ce précepte. Et ce serait véritablement cruel,
« inhumain même, que d'aller mécontenter les Anges qui en-
« vironnent l'autel, en les frustrant de leur attente ; car ils y
« attendent les rapports des besoins du Roi pour les apporter
« au Ciel. Et d'autre lieu, on ne peut passer sous silence ces
« rapports, sans jeter l'alarme dans le cœur de l'épouse de
« Jésus-Christ qui nous ordonne de prier pour les Rois.

« Craignons, M. le Supérieur, craignons pour notre état
« les suites des menaces que notre brave Curé craint pour
« lui seul. L'expérience nous en instruit, lorsqu'un petit
« nombre d'ecclésiastiques se livre à des bizarreries écla-
« tantes, ou qu'il se fait remarquer par l'attachement à une
« politique anti-chrétienne, le monde est naturellement
« porté à craindre que ce n'en soit l'esprit du corps : les
« journaux s'en occupent ; on jette l'alarme, à notre désa-
« vantage, dans le cœur des Princes. Souvenez-vous à ce
« sujet, M. le Supérieur, de ce que le Roi PHILIPPE I.er vous
« a dit le... de ce mois, jour de son heureuse arrivée dans
« cette Ville, lorsque S. M. daigna agréer votre compliment.

« Au résumé, M. le Supérieur, si, par n'importe quelle
« raison, vous eussiez négligé de faire valoir mon appel du
« 20 du mois dernier, et vous résolussiez de ne faire aucun
« cas de celui-ci, j'en conserve les copies, et je me ferais
« un devoir assez pressant pour leur donner une publicité
« quelconque. Ainsi, à défaut des ministres, qui les pre-
« miers doivent éclairer notre Pasteur, je ne pourrai que
« me servir de ce dernier moyen pour remplir une fonc-
« tion si importante. En sorte que nul respect humain, ni
« ma pérégrinité, ni l'obscurité de mon nom, ni la crainte
« d'une critique sévère, rien n'arrêtera ma plume tant
« qu'elle sera dirigée par la raison et la justice.

« Je suis avec respect, etc., etc. » (1)

---

(1) Ces deux copies qu'on vient de lire, ne sont qu'un Extrait des lettres
originales, y ayant retranché quelques choses pour les semer çà et là dans
le cours de cet écrit.

SUIT LA DERNIÈRE LETTRE

Dans laquelle il s'agit d'une pratique indue et toute nouvelle, sur la manière de chanter le Domine salvum fac Regem.

« M. le Supérieur, nonobstant la négligence de M. le
« Curé N... à dire l'oraison *Quæsumus...* pour le Roi, ses
« paroissiens continuent de chanter le *Domine salvum fac*
« *Regem:* et ils n'y ajoutent pas même un mot. Cela posé,
« comme vous avez trouvé (je le présume), dans mon
« appel du 20 du mois de Mai dernier, quelques choses
« utiles, et qu'elles ont pu vous être agréables, je m'en-
« hardis à vous adresser encore une critique sur le nouvel
« et intolérable abus que j'ai observé le 5 de ce mois, jour
« de la Fête-Dieu, au matin et au soir, dans deux pa-
« roisses, en Ville, où les fidèles laïques chantent de
« commun accord : *Domine salvum fac Regem nostrum*
« *Ludovicum-Philippum*..... Cette dévotion est mal en-
« tendue. Éclairons l'ignorance de ces braves dévots.

« Toute addition des mots aux textes sacrés, est une
« profanation de la parole de Dieu. (1)

« Le motif unique, le seul fondement sur lequel ces mots
« *nostrum Ludovicum-Philippum* pourraient s'affermir,
« ce serait l'explication du texte *Domine salvum fac Re-*
« *gem ;* mais les docteurs de l'Église nous enseignent que
« l'Écriture sainte n'est point l'ouvrage de l'esprit humain ;
« que c'est le Saint-Esprit qui a conduit la langue et la
« plume des écrivains sacrés, et qui leur a inspiré les choses

---

(1) Le Missel, sans blesser en rien la parole de Dieu, ordonne aux Prêtres qui chantent à l'Autel l'Oraison *Quæsumus, omnipotens Deus, ut
famulus tuus Rex noster N..,* d'y exprimer le nom du Roi régnant. Cette
disposition est juste. Mais celle qui défend de rien-ajouter aux paroles de
Dieu, n'est ni moins juste, ni moins digne de toute notre vénération. Je
fais cette remarque pour empêcher que les personnes qui ne sont pas au
courant de la différence entre le verset *Domine salvum fac Regem,* et
l'Oraison *Quæsumus...,* ne m'accusent d'être tombé en contradiction avec
mes propres assertions indiquées dans les pages 5 et 11 de cet écrit.

(14)

« qu'ils devaient annoncer ou écrire; et que, nous per-
« mettre de les expliquer, selon nos propres lumières, au
« lieu de suivre l'esprit, la tradition et l'usage de l'Église,
« ce serait de notre part un procédé téméraire, impie même.
« Je vois cette doctrine étayée sur la parole *de Dieu qui*
« *défend expressément toute explication de l'Écriture*
« *faite par interprétation particulière* (1). Par suite de
« cette défense, les promoteurs de la dévotion que je cen-
« sure, ne peuvent que la faire cesser et se conformer à
« l'usage universellement reçu dans l'Église, de chanter
« simplement, *Domine salvum fac Regem : et exaudi nos*
« *in die qua invocaverimus te.*

« Le sens littéral de ce texte nous rappelle naturellement
« les besoins du Roi et du peuple, cela est vrai; mais aussi
« est-il incontestable, d'après les sentiments de S. Athanase,
« de Nicéphore et d'autres, que ce texte, dans le sens al-
« légorique, convient aux combats du Roi éternel et de
« son Église contre les ennemis du salut. Or, l'oracle divin
« passe sous silence dans ce texte, et le nom de Jésus-Christ,
« Roi des Rois, et celui de David, Roi temporel.

« *Chantez avec sagesse*, avec intelligence, nous dit le
« Seigneur (2). En chantant *Domine salvum fac Regem*,
« sans y rien ajouter, nous devons nous souvenir d'abord
« du nom du Roi de gloire, et prier le Seigneur et Père
« éternel, qu'il assujettisse à son Fils unique tous les enne-
« mis de sa puissance; qu'il lui fasse encore vaincre ceux
« qui s'opposeraient à sa gloire jusqu'à la fin des siècles, et
« qu'il augmente le nombre de ses adorateurs.

« Mais aussi, n'oublions pas la personne du Roi mortel
« qui nous gouverne. Unissons le cœur au son des paroles,
« *Domine salvum fac Regem...*, et prions intimement le
« Seigneur, à l'exemple des anciens chrétiens, qu'il donne
« à notre Roi Louis-Philippe I.er une longue vie; que son
« règne jouisse d'une profonde paix, son palais d'une

(1) 2e Ép. de St. Pierre, chap. 1, ỳ. 20.
(2) Ps. 46, ỳ. 7.

« heureuse concorde; qu'il soit assisté de bons conseils;
« qu'il ne s'élève aucun trouble contre son autorité; que
« son armée soit invincible.; que tous ses sujets demeurent
« dans leurs devoirs.

« Et pour obtenir ces grâces du Ciel en faveur de notre
« Roi, serait-il un moyen efficace, que d'ajouter au texte
« *Domine salvum fac Regem*, les mots *nostrum LUDOVI-*
« *CUM-PHILIPPUM?*

« Toute explication arbitraire des phrases divines, ne
« peut qu'ouvrir la porte à de graves inconvénients.

« Souffrez, Monsieur le Supérieur, que je fasse ici un
« épisode; il pourra paraître à contre temps, mais c'est un
« fait qui se rapporte à celui que je critique.

« L'église de N... n'a pas encore essuyé ses larmes sur la fa-
« meuse lettre adressée à son premier Dignitaire, en Juillet
« 1831. Je ne puis que désapprouver les termes un peu vio-
« lents dans lesquels cette lettre était conçue; mais quant au
« fond de l'affaire qui en était le sujet, nous ne pouvons pas
« disconvenir que M. l'Évêque de N... eut commis une
« faute (bien involontairement sans doute), en appliquant
« au Roi temporel le septième verset du psaume 44.°, (1)
« qui n'est nullement susceptible du sens littéral, et que
« David a exclusivement consacré et adressé au Roi des
« Rois, notre divin Sauveur. Je m'abtiens de traduire ce
« verset en français, pour ne pas réveiller des idées fâ-
« cheuses. Je dirai seulement que tous les interprêtes anciens
« et modernes se sont accordés à y voir des expressions
« purement figurées. Ces expressions, disent quelques-uns
« d'entre eux, signifient que la parole des Ministres de
« l'Évangile perce les ennemis de Jésus-Christ, en sorte
« que les peuples se courbèrent devant leur Roi éternel,
« mais de deux manières. Les uns obéiront à la voix de ces
« envoyés; ils mourront au péché et vivront à la Justice,

––––––––––––

(1) *Sagittæ tuæ acutæ, populi sub te cadent, in cordia inimicorum*
Regis.

« Les autres ne voudront point recevoir cette parole di-
« vine; ils seront abattus et confondus avec les démons.

« En dernière analyse, il est de foi catholique, que ce
« verset et tous les autres qui forment le psaume 44.ᵉ, sont
« une figure prophétique de Jésus-Christ et de son Église.
« Si M. l'Évêque N... s'était tenu là, il aurait étouffé dans
« son cœur les flammes d'un zèle passionné qui, d'ordinaire,
« rend odieuse et nuisible la parole de Dieu. Mais sa
« grandeur se fût trompée, et je n'en suis pas surpris,
« l'erreur étant le partage de l'homme, le soleil ayant aussi
« ses éclipses. Combien de maux n'ont pas été les résultats
« de l'explication arbitraire de ce texte divin!....

« Reprenons, M. le Supérieur, le fait que je conteste.
« On nous dira peut-être, à vous et à moi, que rien n'em-
« pêche de tolérer l'explication publique et solennelle du
« verset *Domine salvum fac Regem* par les mots *nostrum*
« *Ludovicum-Philippum*; cette addition n'étant dans le
« fond qu'une chose de peu de prix. Cette objection serait
« illusoire. Il ne s'agit pas ici d'une bagatelle. Il s'agit
« d'obéir à l'ordre de Dieu *qui défend toute explication*
« *de l'Écriture, faite par interprétation particulière.* Il
« s'agit de rendre hommage à la foi catholique : elle nous
« enseigne que les écrits des Prophètes ont été composés
« par ordre de Dieu et par l'inspiration de son Esprit;
« l'Église les conserve intacts : nous serait-il permis, à nous
« autres particuliers, de les polir, en y ajoutant la moindre
« des choses? c'est Salomon qui va y répondre : *La parole*
« *de Dieu,* dit-il, *est passée par le feu, n'ajoutez rien*
« *à ses paroles, de peur que vous n'en soyez repris et*
« *trouvé menteur* (1). *N'ajoutez rien aux paroles de*
« *Dieu.* Voilà un précepte bien concis et très-formel.

« Au résumé, M. le Supérieur, il est évident que l'u-
« sage naissant d'ajouter les mots *nostrum Ludovicum-*
« *Philippum* au verset *Domine salvum fac Regem,* est
« une pratique indue et par conséquent un abus intolé-

____

(1) Prov. chap. 30, ᵥ̄. 5 et 6.

« rable. Ainsi, dans l'attente religieuse que vous y appor-
« terez remède.

« Je suis avec respect, etc., etc.

Sans perdre ma chaleur naturelle à deviner les motifs
qui ont pu empêcher M. le Supérieur N. de me faire, du
moins, une seule réponse aux trois lettres qui viennent
d'être rapportées, je continue les Observations d'un Pèlerin
avec la juste licence que me donnent DIEU et la LIBERTÉ.

L'usage naissant, indu et illégal d'ajouter *nostrum*
LUDOVICUM-PHILIPPUM, au verset *Domine salvum fac*
Regem, n'est pas encore discontinué; et la négligence de
notre Pasteur à chanter l'Oraison *Quæsumus* pour le Roi,
va toujours son train. Ainsi, il est probable que M. le Supérieur N... n'a pu apporter aucun remède à ces infractions
des lois. Je sais bien que l'office de désabuser les inférieurs
a souvent des inconvénients; les Supérieurs sont obligés de
remplir ce devoir avec beaucoup de circonspection, et de
faire quelquefois l'aveugle et le muet.

Pour moi, particulier, je dois franchir tout à cette ren-
contre, car j'attache moins d'importance à ce que l'on peut
en dire, qu'au bien de la Religion, à celui du Roi et à la
considération de mon état. Cette liberté d'agir tourne quelquefois à mon désavantage, et, peut-être, n'en serai-je pas
plus heureux dans le chemin qui me reste à faire. Qu'importe, Pèlerin, allez en avant.

Il m'est arrivé, le 3 Juillet 1831, de rencontrer sur le
chemin de mon pèlerinage, un Théologien qui me fit
l'honneur de s'entretenir avec moi des systèmes que je cen-
sure. Lui ayant fait connaître les motifs qui m'empêchent
d'assister à la Messe paroissiale : « Je n'approuve pas, me
« dit-il, le refus de M. le Curé N... à chanter l'Oraison pour
« le Roi, mais il donne une bonne raison pour ne pas la
« chanter. C'est que l'ordre en a été donné par M. N... (1),

____

(1) Un Ministre de l'État.

2

« encore nous ordonne-t-il de nommer le Roi dans le
« *Domine salvum fac Regem.* M. le Curé N... dit, et il a
« raison, qu'un Ministre n'a aucun droit de commander à
« l'Église; que nous ne reconnaissons d'autres Supérieurs
« que le Pape et l'Évêque. Ce raisonnement est juste, mais
« il ne m'empêche pas de chanter l'Oraison pour le Roi
« dans mon église. Je la chante de bon cœur, et je suis
« fâché que M. le Curé N... n'en fasse pas de même ».

Je vous dirai à mon tour, Monsieur, que saint Paul
nous ordonne de la part de Dieu de prier pour les Rois.

« Mais M. le Curé ne se refuse à chanter l'Oraison pour
« le Roi, que parce que c'est M. N... qui l'ordonne, et non
« parce que c'est saint Paul qui nous en donne un précepte;
« un Ministre n'a aucun droit de commander à l'Église,
« nous ne reconnaissons d'autres Supérieurs que le Pape et
« l'Évêque ».

Donnez-moi le temps, Monsieur, d'exprimer mes pensées. M. le Ministre a eu, à n'en point douter, des motifs
graves pour ordonner cette prière. On lui a dit, je suppose,
que dans quelques églises du Royaume on ne voulait pas
chanter cette Oraison d'usage. On a pu lui faire observer
que cette coupable négligence n'était propre qu'à exciter
dans l'esprit du peuple des sentiments de haine contre le
Roi. En faut-il davantage, pour qu'un Ministre qui est res-
ponsable de la sûreté de l'État, ait dû nous ordonner ladite
prière? Un Ministre d'État peut nous commander et se
faire obéir de nous en tout ce qui n'est pas contraire à la
loi de Dieu. Rappelons-nous, Monsieur, que l'*Église est
dans l'État*, c'est saint Optat qui l'a dit. — « Il est vrai,
« répondit le théologien, mais saint Optat parle dans un
« autre sens (a) ». — Le sens de saint Optat ne sera jamais
celui qu'on voudra prêter arbitrairement à ce docteur et
père de l'Église; il ne nous convient pas de scruter l'inté-

---

(1) Cette réponse est un pitoyable subterfuge qui enfreint souvent les
règles de la charité et de la justice; il donne origine même à des hérésies
purement imaginaires. J'en pourrais faire un tableau qui ne serait pas
moins utile à la Religion qu'à la société.

rieur des hommes, il nous convient encore moins de les juger quand l'Église même s'en abstient : *De internis non judicat Ecclesia.* La sentence de saint Optat présente un sens naturel, manifesté par l'attachement de ce saint docteur à la doctrine et à l'exemple des Apôtres qui obéissaient fidèlement aux ordres d'un Monarque idolâtre et à ceux de ses Ministres...

Sur ces entrefaites, un philosophe arriva dans notre cercle, il se rangea aux sentiments du théologien et lui servit d'écho. Nous perdîmes le temps à répéter de part et d'autre les mêmes sentiments ci-dessus énoncés. Le philosophe voulut terminer la controverse par un reproche bien spirituel. — « Aucun des ecclésiastiques de la ville, me dit- « il, ne se plaint de M. le curé N..., et vous vous en plai- « gnez ! Il faut faire attention que ces MM. vous valent « bien. » — Certes, ces MM. valent mieux que moi; mais ils se taisent lorsqu'ils doivent parler, et je romps leur silence.

J'en ai dit assez pour prouver que le théologien et le philosophe ne savaient, au juste, où ils voulaient en venir. Je dus enfin leur dire : Messieurs, l'*Écriture sainte me défend de répandre la parole, lorsqu'on n'est pas disposé à écouter* (1). Vous avez un bandeau sur les yeux, et je n'ai pas la vertu de vous l'ôter. Je pris congé d'eux. M. le théologien me fit l'honneur de m'accompagner jusqu'à la porte ; il profita de ces derniers moments pour me conseiller d'aller les dimanches à la Messe paroissiale, car cette omission, me dit-il, serait un schisme. — Quel rigorisme singulier !

Cet entretien du 3 Juillet fit une telle impression sur mon esprit, que retourné chez moi, je dus me résoudre à méditer un profond raisonnement, pour empêcher que de si mauvais principes ne deviennent un jour la ruine de la saine morale.

Je reprends le fil dudit entretien, avec la licence sans bornes que me donnent Dieu et la Liberté.

____

(1) L'Ecclésiastique, chap. 32, ⩒. 6.

Et d'abord, pour ne pas l'oublier, un ancien prêtre qui n'a aucune charge à remplir dans les paroisses, ferait bien d'assister quelquefois, *s'il le pouvait*, aux offices divins. Mais il pourrait s'abstenir d'aller à telle ou telle paroisse, de peur de ne participer à l'ombre d'un schisme. M. le Curé N... et les partisans de son système n'ont pas réfléchi, que par le refus de chanter publiquement la prière en question, marquée dans le Missel, on retranche le Roi de la communion des fidèles : acte de juridiction réservé aux Prélats de l'Église. Ces braves ecclésiastiques n'ont pas songé non plus à ce que cette usurpation du droit canonique, tout inculpable qu'elle est de leur part, faute d'y avoir réfléchi, ne cesse pas pour cela d'être une excommunication illégale, et par conséquent une espèce de schisme. Or, l'Apôtre nous commande expressément « *de nous abstenir de tout ce qui a* « *quelqu'apparence de mal* (1) ». D'après cette maxime je ne puis que m'abstenir de ce qui, selon ma manière de voir, à une apparence de schisme.

Ces hommes du ciel, voyageurs pour y aller, se trompent encore lorsqu'ils veulent soutenir sans preuves, que le gouvernement civil n'a aucun droit de s'ingérer des affaires de l'Église, système subversif des règles prescrites par le bon sens, par la nature des choses, et même par les faits.

Le Roi et ses Ministres peuvent mettre la main à l'encensoir : l'Écriture sainte nous en présente l'exemple dans la personne de Joas. « Ce Roi de Judas fait des reproches « très-sévères aux prêtres qui, pendant plusieurs années, « avaient négligé les réparations du temple de Jérusalem : « il retire de leur pouvoir l'argent que le peuple avait of-« fert jusqu'alors ; il leur fait défense de recevoir à l'avenir « les aumônes du peuple ; il fait choisir des officiers qui soient « chargés des réparations de la maison du Seigneur... (2) ». « En voilà des licences, mais elles viennent de Dieu.

---

(1) 1re Ép. aux Thessalon., chap. 5, ꝟ. 22.
(2) 4e Livre des Rois, chap. 12, ꝟꝟ. 5, 6, 7 et suiv.

L'autre Joas du nouveau Testament (1) convoque le premier Concile général de Nicée et celui d'Arles : il ordonne, par un édit du 3 Mars 321, qu'on célèbre le dimanche; il défend en ce jour toutes œuvres serviles.... Cet Empereur disait : *Je suis l'évêque extérieur de l'Église à laquelle je dois ma vigilance....*

Le huitième siècle nous présente un Charlemagne qui, à l'instar de Constantin-le-Grand, assemble des Conciles pour proscrire de nouvelles doctrines qui corrompent, dans son temps, la pureté de la foi. Il rétablit la discipline ecclésiastique, et il travaille dans ses vastes états, même à la réforme du clergé. Ces faits nous portent naturellement à juger par comparaison. Y aurait-il donc à plaisanter, par exemple, sur la défense qu'un Prince régnant ferait à son clergé de se mêler de politique, en l'invitant à ne s'occuper que de prêcher l'Évangile ?

Il est sans contredit qu'un Roi et ses Ministres peuvent s'ingérer des affaires de l'Église, en réformant les abus qui peuvent s'y glisser. *A la réserve me diront peut-être; d'un Roi qui ne serait pas légitime.* Cette exception n'est, religieusement parlant, qu'une raison évasive, anti-charitable, frappée même de nullité. Le Roi est en possession de sa souveraineté; il nous commande par lui-même ou par ses Ministres, nous devons lui obéir, bien persuadés qu'un Roi et ses Ministres, étant chrétiens, ne nous commanderont jamais des choses qui soient contraires à la loi de Dieu. Et si M. le Ministre N... a ordonné de nommer le Roi dans le verset *Domine salvum fac Regem :* il l'a fait à l'oubli d'une loi divine qui lui était peu familière, et d'ailleurs cette ordonnance prouve bien que ce Ministre avait des raisons impérieuses pour commander et recommander l'expression des noms du Roi dans la prière d'usage, marquée dans le Missel. Et si l'on eût représenté à Son Excellence avec respect, que l'addition de ces mots au verset de David, serait une profanation de la parole de Dieu, M. le Ministre se

____

(1) Constantin-le-Grand.

serait fait un vrai plaisir d'écouter favorablement la religieuse objection. A cela près, nous devons obéir au Roi et à ses Ministres, sans dissimulation et sans fraude, avec sincérité, ne trouvant rien à redire à ce qu'ils nous commandent.

Cependant de simples fidèles prévenus contre ces principes, *y a-t-il du bon sens*, me diront peut-être, *à vouloir nous persuader qu'un Ministre d'État ait le pouvoir de commander au prêtre la prière pour le Roi?*

Simples fidèles, leur dirai-je, les règles du bon sens, la nature des choses, la seule raison nous convainc, qu'un ministre peut s'occuper de prévenir le mal qui résulterait d'un mauvais conseil, et d'un mauvais exemple donnés par quelqu'un d'entre nous; il aurait droit à nous donner des ordres en conséquence. Cela s'explique bien aisément.

Je suppose qu'un chrétien, entraîné par une ivresse de zèle, va porter plainte à un Ministre d'État contre ce jeune prêtre qui vient de se marier tout nouvellement dans une ville de France. M. le Ministre peut bien ne faire nulle attention à cette plainte, et la regarder comme non avenue; mais aussi, le trouvant à propos dans sa sagesse, aurait-il droit de nous adresser une dépêche et de nous y rappeler, que le mariage est saint par lui-ême, mais qu'il devient illicite à ceux qui ont fait à Dieu le sacrifice de leurs personnes; que la Religion de Jésus-Christ recommande le bon ordre dans la conduite de tous les états, et plus sévèrement dans celle des prêtres; que cette Religion sainte réunit les intérêts religieux et ceux de la société; qu'un prêtre infidèle à Dieu, ne pourra jamais être un bon citoyen. Enfin, M. le Ministre déclamerait fortement contre ce fait scandaleux et attentoire à l'honneur de la Religion et de l'État qui la protége. Il nous ferait défense expresse de suivre à l'avenir un tel exemple. Eh bien, y aurait-il du bon sens à vouloir rejeter un tel ordre? Qui oserait l'enfreindre, je le demande, sous prétexte qu'il eût été donné par un Ministre d'État? En attendant la réponse, je demande encore : un Ministre d'État pourrait-il nous commander et nous recommander l'exactitude et la fidélité dans l'administration des Sacrements, de celui même de la pénitence?

Simples fidèles, que cette question ne vous alarme pas; elle peut être justifiée par l'hypothèse qui suit.

On fait connaître à un Ministre d'État, je suppose, que plusieurs personnes de l'un et de l'autre sexe, tiennent des discours révoltants contre le Roi, on lui fait remarquer même que ce sont des personnes qui fréquentent les Sacrements. Ce n'est pas croyable, répond-il. On en vient aux preuves, et les faits sont constatés par des témoins. Saisi d'horreur, M. le Ministre expédie des ordres pressants, et enjoint aux prêtres chargés de la direction des consciences, qu'ils fassent main-basse, dans le tribunal de la pénitence, sur les médisances et les abominations que les ennemis de la tranquillité publique vomissent contre le Roi. D'après le système en question, je craindrais qu'il n'y eût encore quelque jeune prêtre décidé à ne pas obéir à un ordre si judicieux. Je tremble d'en donner l'indice que me fournit l'imagination, mais comme cet indice entre dans les choses possibles, pourquoi le dissimuler au préjudice de la soumission due aux Princes et aux Chefs qui nous gouvernent? J'en dirai ce que je pense avec toute la franchise que m'inspirent Dieu et la Liberté.

Les personnes habituées à médire du Roi, répètent, je suppose, les mêmes médisances aux pieds de leur jeune directeur. Nous allons, lui disent-elles l'une après l'autre, jusque là, que d'autres personnes prêtent volontiers l'oreille à nos mauvais discours, et y donnent leur assentiment.— Avez-vous autre chose, leur dit le confesseur? — Oui, mon Père, je m'accuse d'avoir dit deux fois mes prières sans dévotion..... Le jeune directeur exhorte ses pénitents à s'entretenir avec Dieu par la prière, d'une manière digne, il leur en fait de touchantes réflexions...., et en leur imposant de légères pénitences, il les renvoie *en paix*, sans leur avoir rien dit sur l'obligation d'aimer le Roi, de l'honorer, et de réparer les torts qu'elles ont pu occasionner à sa Royale personne par leurs médisances.

De là s'ensuit, je suppose, que ces pénitents récidives vont toujours leur train. Il paraît, disent-ils dans leurs cercles, que médire du Roi, cesse aujourd'hui d'être un péché (1) d'après les ordres du Ministre qui n'a aucune autorité sur MM. les prêtres, et ceux-ci paraissent ne devoir lui obéir en aucunes circonstances, puisque notre Confesseur ne nous fait nulle réprimande au sujet des médisances.....

Il se trouverait, dans ce cercle une Dame qui serait bien surprise d'apprendre, je suppose, que ce n'était ni par oubli, ni par déférence pour elle, que le jeune Confesseur avait omis la réprimande d'usage et de nécessité au sujet de mauvais discours tenus contre le Roi. Cette dame, d'ailleurs très-judicieuse, et élevée dans les bons principes, se présenterait le lendemain chez son Confesseur. — M. l'Abbé, je vous donne la permission, lui dirait-elle, de me parler, hors de la confession, de ce que je vous ai déclaré plusieurs fois au Tribunal de la pénitence. Veuillez bien, je vous prie, me répondre franchement à cette question : Pourquoi avez-vous négligé de me reprendre dans mes confessions précédentes d'avoir dit du mal de la personne du Roi? — Madame, il suffit, répond le Confesseur, que ce soit un Ministre qui me commande ce devoir, pour que je ne lui obéisse pas ; je ne reconnais d'autres supérieurs que le Pape et l'Évêque. — M. l'Abbé, lui dit la dame, je porte un livre de dévotion, où le Pape et l'Évêque condamnent votre système. Je vais lire d'abord ce que dit le Pape, prêtez-moi votre attention. Voilà comme le saint Père parle à tous les chrétiens de tout grade et de toute condition.

« Je vous exhorte, mes bien-aimés, de vous abstenir
« comme étrangers et voyageurs que vous êtes (pour aller au
« Ciel), des désirs charnels qui combattent contre l'âme.
« Conduisez-vous d'une manière sainte, afin qu'au lieu que
« les hommes médisent de vous, comme si vous étiez des
« méchants, les bonnes œuvres qu'ils vous verront faire
« les portent à rendre gloire à Dieu au jour de la visite.

____

(1) Quelle malice singulière !

« Soyez soumis, pour l'amour Dieu, à toutes sortes de per-
« sonnes, soit au Roi comme au Souverain, soit aux Gou-
« verneurs comme à ceux qui sont envoyés de sa part pour
« punir ceux qui font mal, et pour traiter favorablement
« ceux qui font bien. Car c'est-là la volonté de Dieu, que
« par votre bonne vie vous fermiez la bouche aux hommes
« ignorants et insensés, étant libres, non pour vous servir
« de votre liberté comme d'un voile qui couvre vos mau-
« vaises actions, mais pour agir en serviteurs de Dieu.
« Rendez à tous l'honneur qui leur est dû ; aimez vos frères ;
« craignez Dieu ; honorez le Roi... ».

A présent, M. l'Abbé, vous allez entendre ce que nous
dit l'Évêque :

« Je vous conjure, mes Frères, par la miséricorde de
« Dieu, de lui offrir vos corps comme une hostie vivante,
« sainte et agréable à ses yeux, pour lui rendre un culte
« raisonnable et spirituel. Ne vous conformez point au
« siècle présent, mais qu'il se fasse en vous une transfor-
« mation par le renouvellement de votre esprit, afin que
« vous reconnaissiez quelle est la volonté de Dieu, ce qui est
« bon, ce qui est agréable à ses yeux, et ce qui est parfait.
« Je vous exhorte donc vous tous, selon le ministère qui
« m'a été donné par grâce, de ne vous point élever au-delà
« de ce que vous devez, dans les sentiments que vous avez
« de vous-mêmes, mais de vous tenir dans les bornes de la
« modération...... Que tout le monde soit soumis aux
« puissances supérieures ; car il n'y a point de puissance qui
« ne vienne de Dieu, et c'est lui qui a établi toutes celles
« qui sont sur la terre. Celui donc qui s'oppose aux puis-
« sances, résiste à l'ordre de Dieu ; et ceux qui y résistent,
« attirent la condamnation sur eux-mêmes (tant celle du
« Prince que celle de Dieu). Car les Princes ne sont point
« à craindre, lorsqu'on ne fait que de bonnes actions. Vou-
« lez-vous ne pas craindre les Puissances ? Faites bien, et
« elles vous en loueront. Le Prince est le Ministre de Dieu
« pour vous favoriser dans le bien. Que si vous faites le
« mal, vous avez raison de craindre, parce que ce n'est pas

« en vain qu'il porte l'épée. Car il est le Ministre de Dieu
« pour exécuter sa vengeance en punissant celui qui fait de
« mauvaises actions. Il est donc nécessaire de vous y sou-
« mettre, non-seulement par la crainte du châtiment, mais
« aussi par un devoir de conscience. C'est pour cette même
« raison que vous payez le tribut aux Princes... Rendez
« donc à chacun ce qui lui est dû : le tribut à qui vous
« devez le tribut ; les impôts à qui vous devez les impôts ; la
« crainte à qui vous devez de la crainte ; l'honneur à qui vous
« devez de l'honneur. Acquittez-vous envers tous de tout
« ce que vous leur devez, ne demeurant redevables que de
« l'amour qu'on se doit les uns aux autres. Car celui qui
« aime le prochain, accomplit la loi... »

Le jeune Confesseur, curieux de savoir quels sont ce Pape
et cet Évêque qui viennent de donner des ordres si for-
mels : —Le Pape, dit la Dame, est le premier Pontife de
l'Église, appelé Pierre ; l'Évêque, son coadjuteur et coapô-
tre, bien connu sous le nom de Paul. —Et ce livre de dévotion que vous portez, quel est son titre ? Mais, M. l'Abbé,
ne voyez-vous pas que c'est la sainte Bible ? Le Pape vous
parle au 2.ᵉ chap. de sa 1.ʳᵉ Épître. L'Évêque vous parle
aussi, en adressant aux Romains une longue Épître, aux
chapitres 12.ᵉ et 13.ᵉ—Ah ! madame, je n'en savais rien ; je
suis forcé de rendre les armes, elles me tombent des mains.
Et vous pouvez être assurée que dès ce moment j'adopte
et je suivrai toujours votre opinion. — Opinion ! l'opinion
est un doute, et je n'en ai point sur des lois si solidement
établies. Je n'ai là-dessus que des devoirs à remplir. Le
Pape et l'Évêque nous commandent, de la part de Dieu,
d'être soumis au Roi et à ses Ministres, « de leur obéir en
« tout ce qui est dans l'étendue de leur autorité, de ne les
« point contredire, de leur témoigner en tout une entière
« fidélité, afin que notre doctrine fasse révérer à tout le
« monde la doctrine de Dieu notre Sauveur (1) ». Y au-
« rait-il en tout cela, du pour et du contre ?

____

(1) Ép. à Tite, chap. 2, ⅴⅴ. 9 et 10.

Mon hypothèse a été un peu diffuse , *pis encore,* me dira-t-on peut-être , *elle n'est propre qu'àdonner prise aux impies pour se déchaîner contre l'Église et contre ses Ministres.*

Rendez à tous l'honneur qui leur est dû, nous dit le Pape. *Rendez à chacun ce qui lui est dû,* nous dit l'Évêque. Je vais donc rendre aux impies la justice qui leur est due.

Les impies, pour se déchaîner contre l'Église et contre ses Ministres, érigent en maximes imprescriptibles les préjugés les plus déraisonnables, j'en conviens; mais ils savent lire; et encore qu'ils rideraient le front en lisant mon hypothèse, piqués d'honneur pour leur propre talent, oseraient-ils prendre pour un fait, ce que je donne distinctement comme une supposition ? Les impies savent bien rendre témoignage à la vérité quand ils ont à rougir de la nier devant les hommes. Ils n'ignorent pas qu'on se fait dans le monde de faux principes , et quelquefois même dans les professions les plus saintes, et qu'il devient nécessaire d'en prévenir les malheurs par toutes sortes de moyens.

On m'accusera aussi , je le présume, d'avoir blessé par mon hypothèse, les intérêts du jeune Confesseur. Et comme les hypothèses à quelque chose sont bonnes : un étourdi se lance lestement du fond d'une cour; arrivé dans la rue , il heurte de la tête contre les instruments de bois ou de fer qui sont entre les mains d'un passant. L'étourdi est blessé; à qui est la faute? Cependant, je le vois : pourrai-je me permettre « de passer outre, comme le Prêtre et le Levite de « l'Évangile? Qui m'empêchera de m'approcher de lui, « à l'instar du Samaritain , pour verser l'huile de la con- « solation dans ses plaies, le panser, et donner mes soins « afin qu'il soit guéri (1)? ».

Revenons aux bancs pour apprendre d'un nouveau Docteur et Directeur d'âmes, la manière de recevoir notre Souverain dans nos églises. Il ne s'agit plus d'une supposition , mais d'un fait à l'occasion du voyage que Louis-

____

(1) Évang. de S. Luc, chap. 10, ℣. 31 et suiv.

Philippe I.er a fait, les mois derniers. Sa Majesté ayant voulu visiter un de nos temples, y fut reçue (dit-on) par le Clergé, sans surplis, sans la Croix, sans aucune des cérémonies marquées dans nos Rituels. Le nouveau Docteur y a fait briller sa science, en donnant pour raison (m'a-t-on dit) « que les cérémonies de réception des Princes dans nos « églises, ne doivent pas s'observer aujourd'hui que le « Christianisme n'est plus, en France, la Religion domi- « nante ».

Eh quoi! ce nouveau Docteur ignore-t-il que le Royaume de Dieu n'est pas de ce monde (1)? N'avons-nous pas l'honneur d'appartenir à l'État? avons-nous cessé aujourd'hui d'être des sujets d'un *Roi que nous devons honorer* (2)? Pouvons-nous nous dispenser de *rendre l'honneur à qui nous devons l'honneur* (3)? Pourquoi donc ne pas *rendre à César ce qui est à César* (4)? Je le sais et je le dirai : c'est que beaucoup d'hommes, ou le plus grand nombre travaillent davantage pour leurs satisfactions particulières, que pour le progrès et l'avancement de l'Évangile, « car « tous cherchent leurs propres intérêts, et non ceux de « Jésus-Christ (5) ».

Je me résume. Il faut graver profondément dans nos cœurs, que la Religion de Jésus-Christ est la Religion par excellence, la Religion véritable, la Religion unique, la Religion universelle, la Religion des siècles éternels, la Religion immuable dont les caractères et les lois ont toujours été les mêmes. La Religion de Jésus-Christ recommande la paix et le bon ordre dans la conduite de tous les états; elle réunit les intérêts religieux, ceux de la société, ceux même qui stimulent les hommes à remplir leurs devoirs

---

(1) Évang. de Saint Jean, chap. 18 ⅄ 36.

(2) Le Pape Pierre.

(3) L'Évêque Paul.

(4) Évang. de Saint Marc, chap. 12. ⅄. 17.

(5) Ép. aux Philippiens, chap. 2. ⅄. 21.

envers eux, afin qu'ils deviennent pour les autres les modèles des vertus sociales et morales : modèles de soumission et de fidélité aux Princes et aux Chefs qui nous goúvernent; modèles de générosité et de grandeur d'âme pour rendre à César ce qui est à César; et à Dieu ce qui est à Dieu. Manquer à ce devoir, ce serait nous-mettre avec notre Souverain dans un état de scission. Ce serait même nous rendre indubitablement coupables de schisme, que d'envisager le Roi comme un homme séparé de la Communion des fidèles. Serait-ce rendre à Dieu ce qui est à Dieu, que de refuser au Souverain ce qui lui est dû? Certes, une telle conduite compromettrait les devoirs des hommes envers eux-mêmes.

Il entre donc dans nos propres intérêts de former des vœux sincères pour la conservation du Roi, et de les envoyer au Ciel, en le priant qu'il daigne nous donner une légion d'Anges qui viennent dissiper les mauvais desseins des ennemis du Trône et de l'Autel. Car, enfin, faudrait-il que nous vissions encore une fois se renouveler la catastrophe du 27, 28 et 29 Juillet à la honte de la Religion de Jésus-Christ?

O Religion sainte et véritablement divine ! faut-il, vous qui êtes si digne d'être connue, que vous le soyez si peu d'une multitude d'hommes qui ont le bonheur de se reposer sur votre sein? faut-il que ces hommes qui devraient baiser les traces de vos pas, soient assez ingrats pour vous mépriser, pour vous haïr, pour secouer le joug doux et léger de la doctrine que vous commandez de suivre, et que votre divin auteur et législateur a établie et scellée de son sang?

Fasse le Ciel que nous nous conduisions tous à l'avenir, selon

DIEU ET LA LIBERTÉ.

FIN.

Le 5 septembre 1831.

CONFÉRENCE

ENTRE

LE PÈLERIN ET SON GRAND AMI.

Il ne serait pas hors de propos que je répète ici quelques articles d'un long entretien à plusieurs reprises, avec mon grand ami, que le hasard a transporté de loin dans ces lieux. Ayant fait la lecture de mon manuscrit intitulé *Observations d'un Pèlerin*, il me dit : (1)

A. Rien n'est plus facile que de réfuter de point en point cet écrit. Et d'abord il paraît que vous n'aimez pas l'auteur de l'*Avenir*, car vous ne lui grattez pas mal sa démangeaison de politique.

R. J'aime, par la grâce de Dieu, mon prochain sans en excepter mes ennemis. *Il y a cependant une haine parfaite ; elle ne consiste pas, dit St. Augustin, à haïr les hommes à cause des vices, mais à ne pas aimer les vices à cause des hommes.* Si j'ai gratté mal à propos la démangeaison de l'auteur de l'*Avenir*, faites-le moi voir, et je désavouerai mon impertinence.

A. Mais quel mal y a-t-il à s'occuper de faire un Journal ?

R. Apparemment qu'il n'y en a pas beaucoup, puisque l'auteur de l'*Avenir* s'en occupe. Il a assez de talent pour savoir combiner les choses qui me paraissent discordantes. D'ailleurs il n'est pas le seul Journaliste ecclésiastique ; car les derniers mois, en me promenant par un chemin de traverse, une lunette de longue vue me fit voir que d'autres Prêtres étaient rédacteurs d'un Journal dans une de ces

---

(1) La lettre *A* indique mon ami qui interroge.
La lettre *R* contient mes réponses.

Villes qui environnent mon Ermitage. Cette nouvelle, il est vrai, me mit de mauvaise humeur, les passants s'en aperçurent, et ce que je dis alors, fut probablement répété. Quoiqu'il en puisse être, bientôt l'un de ces Journalistes renonça à son entreprise, il n'est plus rédacteur de Journal.

A. Je prendrais volontiers cette place vacante, si j'avais de l'argent pour me faire agréger au Corps des Journalistes.

R. Mais les Journaux traitent de politique; et songez, mon ami, à ce que le Roi nous a défendu de nous en mêler ; *il faut lui être soumis*, nous disent le Pape et l'Évêque.

A. Qu'importe, je trouverais toujours le moyen de couvrir ma désobéissance. Je ne suis Rédacteur d'un Journal, dirais-je, que pour défendre la Religion. J'intitulerais mon Journal : *L'EFFROI DE L'AVENIR*, j'en remplirais les feuilles de reproches amers contre les vices qui règnent dans un temps si perverti. Je parlerais de l'abandon total du salut, de l'oubli de la vie future que les impies de profession nient absolument, et plusieurs de ceux qui la croient, vivent comme s'ils ne la croyaient pas. J'exhorterais les pécheurs à la pénitence, au souvenir de la mort, du jugement, etc.

R. C'est ce qui s'appelle faire le dévot à contre temps, « et troubler la musique », comme dit le fils de Sirac (1). Que diriez-vous, mon ami, si un farceur d'une figure agréable et majestueuse, habillé d'une riche étoffe, montait sur le théâtre, et affectant d'être dévot, faisait retentir sa voix en répétant avec emphase ce vers dont l'auteur est bien connu.

« Messieurs, c'est maintenant qu'Atropos, de mes jours,
« Par ordre du destin vient arrêter le cours;
« Messieurs, c'est maintenant qu'accablé de tristesse,
« Du roseau sans soutien, je me sens la faiblesse;
« Contrit, humilié, verrai je un lendemain.
« A ce jour qui, pour moi, n'est pas même certain!

Y aurait-il assez de sifflets pour cette saillie ? ne tombe-

______

(1) Eccli., chap. 32. ỳ. 5.

rait-il pas sur lui une pluie de poires et de pommes? L'Offi—
cier de police ne s'empresserait-il pas de faire conduire ce
pauvre hommes aux Petites-Maisons?.

Jugez par comparaison, mon ami, vous auriez beau à
faire ressortir les phrases les plus flories avec l'apparence
d'un zèle religieux, votre Journal ne serait pas moins ab—
surde; on le rejetterait avec dédain. On vous prendrait pour
un fou....

A. Il est juste d'y faire attention. Je prendrai autre marche pour rédiger mon Journal et me rendre utile à la société.

R. Pour vous en acquitter dignement, ne perdez pas de
vue vos devoirs de Prêtre. Travaillez comme un homme
qui est tout en Dieu.

A. Voulez-vous que je me conduise en Anachorète?

R. C'est vous, mon ami, qui voulez faire votre Journal
en Anachorète, et je ne cherche qu'à vous en détourner.
Votre Journal ne pourra jamais être utile à la société, si elle
n'y trouvait rien de ce qui puisse lui être agréable, lui con-
venir, et quadrer en même temps avec l'esprit de votre
profession sainte. Cette occupation tout innocente et utile
qu'elle pût être, absorberait non-seulement votre temps,
mais encore vous absorberait-elle tout entier.

Votre Journal innocent vous suivrait partout; il vous
accompagnerait à la récitation de votre Bréviaire, à la lecture spirituelle, à la méditation, à la préparation pour dire
la Messe : il irait avec vous jusqu'à l'autel. Or ne faut-il pas
avoir, en un degré héroïque, toute la vertu d'un Anachorète
pour renoncer, dans ces saintes fonctions, à l'honneur de
ce cortége de jolies idées, de pensées sublimes, de paralo-
gismes bien assaisonnés, pour embellir un journal? Et encore, je le demande, un Anachorète aurait-il assez de vertu
pour chasser de l'Autel cette foule d'imaginations vaines et
impertinentes, s'il en eût été volontairement la cause?
Aurait-il le pouvoir de se recueillir, et de reprendre l'élan
d'ardentes affections avec lesquelles un prêtre doit célébrer
les saints mystères?

Mon ami, il faut couper court. Vous conviendrez qu'un

ministre de Jésus-Christ ne doit jamais s'embarrasser dans des affaires de la vie civile, lorsqu'elles sont incompatibles avec le saint ministère. Cependant, si vous vous attendez à renouveler de nos jours la merveille du cadavre d'Élisée, « soufflant la vie après sa mort (1) », suivez votre marche.

A. Je trouve bien extraordinaire que vous cherchiez à me faire perdre le goût d'être Rédacteur d'un Journal, alors même que vous ne craignez pas d'embourber votre écrit des affaires de politique.

R. Mais, ma politique approche de celle de l'Évangile. Et mon écrit produira, je l'espère, quelque bien.

A. Oui, quelque merveille semblable à celle d'Élisée « dont le cadavre prophétisa » la résurrection des morts, selon Estius.

R. C'est une revanche bien placée, mon ami, mais elle n'empêchera pas que je ne suive le droit chemin avec mes Observations ; au lieu que votre Journal vous fera aller à travers champs.

A. Est—ce que je ne pourrai pas rendre mon Journal très-utile avec la grâce de notre Seigneur Jésus—Christ ?

R. Il vous arrivera quelquefois de ne pouvoir remplir les feuilles de votre Journal, que d'analyses folâtres et maussades sur les matières qui contrarieront votre humeur. Vous tomberez souvent en contradiction avec vos principes, vous trahirez vos propres sentiments. Quand il faudra embellir vos discours d'un style attique, vous ne vous ferez nul scrupule d'avoir recours à la théologie des païens, à des fictions agréables, mais les plus propres à infecter le public de ce goût corrompu, « de fermer l'oreille à la vérité, et de « l'ouvrir à des fables (2) ».

Or, « quelle affinité y a—t—il entre la grâce de Jésus— « Christ et les artifices de Bélial ? (3) » Pierre renonça-t-il

---

(1) Eccli. chap. 48. ꝟ. 14.
(2) 2° Ép. à Thimoth., chap. 4, ꝟ. 4.
(3) 2° Ép. aux Corinth., chap. 6. ꝟ. 15.

à Jésus-Christ avec la grâce ? « Suivez le Sauveur, mon ami,
« et laissez aux morts le soin d'enterrer leurs morts (1). »
« Remplissez tous les devoirs de votre ministère (2). »
C'est par là que vous vous rendrez assurément utile aux
hommes dans le siècle perverti où nous vivons : regardez-le
d'un œil de compassion ; il est plongé dans les plaisirs crimi-
nels, dans des abus et des désordres corrupteurs, dans le
trouble, et peu s'en faut qu'il ne le soit dans l'insurrection
contre les puissances. Vous voyez la perte du don de la foi
dont on ne fait aucun cas et même que l'on rejette. Aussi
paraît-il que le Ciel lui-même, en son courroux, se charge
déjà de la réforme, et qu'il nous menace de le faire par
d'affligeants et terribles moyens.....

Allons, mon ami, allons *nous acquitter des devoirs de
notre ministère :* allons, « nous prosterner entre le vesti-
« bule et l'autel, fondons en larmes et écrions-nous : par-
« donnez, Seigneur, pardonnez à votre peuple ; et ne lais-
« sez point tomber votre héritage dans l'opprobre (3). —Sei-
« gneur, Seigneur, Roi tout-puissant, toutes choses sont
« soumises à votre pouvoir, et nul ne peut résister à votre
« volonté, si vous avez résolu de nous sauver. O Dieu
« d'Abraham ! ayez pitié de votre peuple. parce que nos
« ennemis ont résolu de nous perdre et d'exterminer votre
« héritage... Exaucez nos prières, soyez favorable à une
« nation que vous avez rendue votre partage (4)...

Du reste, ne négligez pas, mon ami, de chanter, aux
officices divins, l'oraison *Quæsumus* pour le Roi. Éclairez
les fidèles sur ce devoir, afin qu'ils le remplissent avec l'esprit de charité et en la forme réglée par l'Église. Prêchez la
parole de Dieu sans humeur, sans mêler dans vos discours des

---

(1) Évang. de Saint Matth., chap. 8, ✝. 22.
(2) 2ᵉ Ép. à Timoth., chap. 4, ✝. 5.
(3) Joel, chap. 2, ✝. 17.
(4) Esther, chap. 13, ✝. 9. 15. 16.

observations vaines, fastidieuses, odieuses; car ceux qui s'en apercevraient, se passeraient peut-être de la Messe paroissiale, pour s'éviter la peine et le déplaisir de vous entendre prêcher. Remplissez enfin tous les devoirs de votre ministère avec une simplicité évangélique. Ce sont les meilleurs et les plus utiles des services que vous pouvez rendre à la société chrétienne.

À présent, vous allez continuer la réfutation de mon écrit.

A. On haussera les épaules de ce fastueux appareil d'érudition et d'éloquence médiocres dont vous ornez votre écrit, pour couvrir la fureur d'épiloguer sur deux choses d'une très-mince importance : sur l'oraison *Quœsumus* pour le Roi, et sur l'addition *nostrum LUDOVICUM-PHILIPPUM* au verset *Domine salvum fac Regem.*

R. Il n'est pas difficile de s'apercevoir que l'érudition et l'éloquence me soient absolument étrangères ; mais pour dire la vérité, il ne faut ni être érudit, ni être éloquent. Encore vous semble-t-il, que les choses sur lesquelles j'ai *furieusement* épilogué, soient peu importantes, sans faire attention, que si ces minuties venaient à se répandre trop loin, elles pourraient devenir par leurs résultats « le petit feu capable d'allu- « mer une grande forêt (1) ». Et ne serait-il pas humiliant pour le clergé de ce diocèse, que l'avenir eût à lui reprocher de pareilles pauvretés?

A. Vous n'avez nulle considération pour vos confrères, en publiant leurs fautes.

R. Je ne découvre point ce qui est caché. Mais je donne l'antidote propre à effacer les mauvaises impressions que ces fautes ont pu faire dans l'esprit des chrétiens. Les prêtres et les simples fidèles ne forment qu'une même congrégation, un même corps dont quelques-uns de ses membres peuvent tomber dans des faiblesses qu'il faut réparer par toute sorte de remèdes. Nous sommes tous enfants d'un même Père,

---

(1) Ép. cath. de S. Jacq. chap. 3. ✝. 5.

nourris les uns et les autres à la même table, nous devons être tous animés d'un même esprit. Enfin, les prêtres et les simples fidèles n'avons les uns et les autres qu'une même loi à observer ; nous sommes tous capables d'y manquer. Je ne fais aucun trait personnel. Et quand bien même les devins montreraient au doigt ceux que je couvre du voile de la charité, mon écrit ne serait ni moins utile ni moins néces-saire. Le Prince des Apôtres s'embarrassa fort peu de ce que la faute occulte d'Ananie et de Saphire allait devenir pu-blique par un des exemples les plus terribles.

A. J'ai entendu dire, et je ne puis pas vous le laisser ignorer, que vous allez vous faire des ennemis par vos Ob-servations.

R. Au contraire, tout homme raisonnable me saura bon gré d'avoir employé mes veilles « à retirer la lumière de « dessous le boisseau, pour la mettre sur le chandelier, afin « qu'elle éclaire tous ceux qui sont dans la maison du Sei-« gneur (1). »

A. A vous entendre parler de la sorte, je suis tenté de vous dire, que c'est bien ridicule pour un pauvre Pèlerin de vouloir apporter la lumière à ceux qui voient plus clair que lui.

R. La lueur de ma petite lampe est censée suffisante même pour rendre la vue à ceux qui par leur trop grande lumière, sont devenus aveugles..

Le pauvre Pèlerin est partout un ministre de l'Évangile. Et son infortune est-elle un opprobre ? Ah ! les Apôtres n'étaient riches que de la parole de Dieu.

A. Est-ce que les Apôtres insultaient le monde, en lui jetant aux yeux la poudre des vérités qui ne sont pas bonnes à dire ?

R. Je vous entends, mon ami,... Mais dites-moi : lequel vaut mieux, dire la vérité, ou la laisser toujours esclave des passions des hommes ?

---

(1) Évang. de S. Matth. chap. 5. ⍩. 15.

A. Voilà le mal. C'est que vous prenez la chose trop à la rigueur. Il est connu que, dans le monde, beaucoup de gens n'aiment point à entendre parler de leurs vices, et vous leur dites des choses qui doivent les contrister.

R. Est-ce que je les traite comme on traitait les anciens Crétois, « de méchantes bêtes, qui n'aimaient qu'à manger « et à ne rien faire (1)? » S'il en était ainsi, je mériterais votre reproche, mon ami, mais il ne s'adresse pas à moi, comme vous allez le voir.

Mes Observations ne font que signaler nos devoirs conciencieux « de reconnaître la puissance qui nous gouverne et « que Dieu nous a donnée dans sa miséricorde ; de prier « pour la conservation de sa vie ; de lui être soumis ainsi « qu'aux envoyés de sa part ; de leur complaire en tout, de « ne point les contredire, de les aimer, de les honorer.... »

Beaucoup de gens n'aiment point à entendre parler de ces choses-là, j'en conviens, mon ami, je ne leur en dis que ce qui leur est très-utile, que ce qui est ordonné par Dieu-même. Et comme mes avis intéressent les hommes de toute classe et condition, j'ajoute pour nous autres ecclésiastiques « de ne point nous mêler des affaires séculières qui « nous détourneraient de notre ministère ». Eh bien ! mon ami, si ce sont des choses qui doivent contrister les gens du monde, comme vous dites, « encore que je les attriste par « mon écrit, je n'en suis pas fâché... J'ai de la joie, non de « ce qu'ils soient contristés, mais de ce que leur chagrin peut « les porter au repentir de leur fautes, au retour à leur « devoirs... Ainsi, la peine que je leur aurai causée, ne « leur sera nullement désavantageuse (2) ». Y a-t-il là de la rigueur?

A. Admettons vos principes tirés de l'Écriture Sainte, il reste encore un reproche à vous faire sur plusieurs de vos

---

(1) Lett. à Tite, chap. 1. ỳ. 12.
(2) 2.ᵉ Ep. aux Corinth., chap. 7. ỳ. 8 et 9.

idées ; on dira que vous les avez ramassées dans le bourbier de votre tête axaltée.

R. Encore une douceur. — Ceux qui n'ont pas le goût dépravé, boiront avec plaisir mon eau, et ils s'embarrasseront fort peu de la source. Et enfin, ce n'est pas rare, mon ami, que de voir fouler aux pieds la terre qui produit les fruits les plus nécessaires à l'homme.

A. Cependant, garde à ce que vos Observations ne subissent un sort pareil à celui dont je vais faire le détail. Vous savez que j'ai été long-temps dans l'étranger. Là, me prit l'idée de publier, en 1823, un petit ouvrage polémique. Un Philoctète (1) de nos jours, armé de l'arc et de flèches dont il avait hérité de son ami Hercule, alla au-devant de mon ouvrage, et comme s'il était question d'ôter une seconde vie à Alexandre Pàris, et de mettre encore une fois le feu dans la fameuse ville de Troie, il perça à doubles coups le titre principal de mon livre et l'intitulé de quelques chapitres. Voici, entre autres, un coup d'épée dans l'eau : *L'opuscule, est d'un abbé ; au titre on s'en était douté.* Un disciple de Voltaire en aurait-il mieux parlé ?...

R. Mon ami, je vous interromps, pour vous prévenir d'être bien circonspect dans vos expressions contre les échos de Voltaire.

A. Faudrait-il les laisser tranquilles au moment où ils ne s'occupent que de renverser le trône et l'autel ? Que vous êtes bon !

R. Nos plaintes, nos criailleries contre ces gens-là n'aboutiraient qu'à les rendre plus méchants. Prions beaucoup pour eux afin que Dieu veuille bien répandre sa lumière dans leur esprit, pour qu'ils puissent connaître que leurs intérêts personnels seront la première victime de ces

---

(1) Terme dont un agresseur se fût servi en donnant au public l'analyse folâtre et maussade de mon Opuscule ; il y entremêlait des illusions mytologiques qui n'avaient nul rapport avec une allégorie en matière de Religion.

engagements; et que d'ailleurs, il leur échappe sans cesse un temps précieux pour l'éternité vers laquelle ils s'avancent sans qu'ils daignent y penser. — Continuez votre aventure.

A. Oui, reprenons mon Philoctète. Comme ce chicaneur ne pouvait ni attaquer ma doctrine, ni détruire mes opinions, très-jaloux de conserver les siennes et de sa propre gloire, il s'empressa de prévenir le public contre mon livre, et à cet effet, il trahit ses propres pensées, il les fit même tomber en contradition. Il feignit d'abord supposer que j'étais Allemand. Ensuite il annonça *que ma brochure était peu intelligible en la langue du pays;* et comme il ne faut que savoir lire pour l'entendre, mon chicaneur l'avait bien comprise, puisqu'il avoua : *que mes intentions étaient excellentes, qu'elles étaient même charitables..., que j'étais d'une grande humanité pour les gens du monde.* Je défie l'académicien le plus éloquent de se faire comprendre *par une brochure peu intelligible* en sa propre langue. C'est ainsi que mon admirateur rendit mon livre bien recommandable, sans s'en douter. Néanmoins, son pamphlet me fit perdre la vente de mon livre. Et notez, M. le Pèlerin, que mon impitoyable agresseur était un prêtre journaliste.

R. Eh bien, mon ami, n'en feriez-vous pas autant, si vous étiez rédacteur d'un journal?

A. O! oui, sans doute; mais vous qui parlez si haut, prenez garde aussi qu'on ne vous prenne pour un imposteur; car, dans vos Observations, vous donnez comme véritables des faits qui n'ont jamais pu avoir lieu. Vous parlez d'une Dame qui fait la leçon à un jeune Confesseur; et de tant d'autres choses impertinentes, du moins dans l'apparence; et les personnes délicates seront scandalisées lorsqu'il leur semblera ne lire que des discours mensongers, car enfin, tous les lecteurs ne sont pas à même de vous comprendre.

R. Certes, il est des personnes qui lisent mal, mais je n'en suis pas la cause. Il en est d'autres qui ne veulent pas bien lire, je ne pourrai jamais les y contraindre. Et sans rien dire de ces personnes toujours déterminées à ne jamais croire que ce qu'elles ont cru une fois ; « quand bien même « je dirais une chose pour faire entendre une autre au sujet « de la morale chrétienne, ce ne serait nullement un men- « songe. S'il en était ainsi, il faudrait dire, que les méta- « phores et toutes les autres figures rhétoriques ne sont que « mensonge ; il faudrait encore jeter une telle calomnie sur « les paraboles de l'Évangile (1) ».

Je vous défie de trouver dans mes observations, même l'ombre d'une amphibologie.

A. Mais on vous dira, que vos observations vont troubler la paix des consciences. Quelle douceur que celle de vivre tranquille, de vivre en paix !

R. Mais quelle amertume ! quelle affreuse inquiétude que celle d'être toujours en butte aux entreprises injustes, aux projets monstrueux, aux noirs complots des hommes aveuglés par leurs passions, qui, contre leurs propres in-térêts, ne cherchent qu'à couvrir de sang la terre que nous habitons ! Ils ne savent ce que c'est de passer en un lieu quel-conque sans y apporter le trouble et la confusion. « Ils ne « connaissent point la voie de la paix (2) ». Ils la trou-veraient dans nos temples, mais, comme ils n'ont pas le temps d'y aller la chercher, puis—je faire mieux que de la leur offrir par mes Observations ? probablement ils les liront, et j'aurai atteint mon but, celui d'apporter un heureux trouble à la fausse tranquillité de leurs consciences, et les faire rentrer dans le devoir d'aimer Dieu et la Liberté.

Voilà, mon ami, le seul but que je me suis proposé dans mon pénible travail : les intérêts de la Religion, l'honneur dû au Roi, la prospérité de son État, la paix solide qui produit des biens ineffables. Et s'il était possible aux prêtres journalistes d'en faire autant, la fausse paix des consciences

---

(1) Saint Augustin, liv. contre le mensonge, chap. 10.
(2) Ép. aux Rom., chap. 3. ỷ. 17.

un peu trop délicates, ferait bientôt place à cette paix réelle qui remplit les cœurs des plus douces consolations.

En conséquence, ceux qui me répéteraient encore : *il faut la paix, il faut la paix*, se rendraient suspects d'avoir emprunté ces grands mots des faux Prophètes qui, aimant le trouble, vociféraient autrefois « en disant : là paix, la « paix, lorsqu'il n'y avait point de paix (1) ».

Mes Observations doivent être mises au jour, et c'est en vain que vous cherchez à m'en détourner.

A. Si vous eussiez consulté l'Autorité, elle n'aurait pas manqué de vous défendre expressément de publier cet ouvrage.

R. Et j'aurais dû, peut-être, en traverser honnêtement la défense.

A. Comment ! ne faut-il pas obéir aux Chefs sans ré-plique ?

R. Halte-là, mon camarade qui vous faites connaître pour avoir subi le joug des revues, rangé en file avec l'État-major de quelques régiments ; apprenez qu'il ne faut pas confondre la discipline militaire avec la doctrine de la Religion, qui nous fait distinguer le bien d'avec le mal, selon Dieu et la Liberté, en voici les règles :

L'obéissance aux Supérieurs n'est pas une vertu qui oblige de se soumettre en toutes choses sans aucune discussion ; si cela était, en vain nous serait-il commandé « d'examiner « tout, et de nous attacher seulement à ce qui est bon (2) ». Et encore faudrait-il contre les paroles de l'Évangile (3), ne se mettre point en peine de la prudence du serpent, pourvu que l'on eût seulement la simplicité de la colombe. En un mot, il faut savoir obéir.

A. D'après vos pointilles, il serait permis de nous op-poser à tous les ordres des Supérieurs.

R. Je ne dis point cela. Je demeure d'accord que les in-

---

(1) Jérémie, chap. 6. ℣. 14.
(2) 1.ʳᵉ Ép. aux Thessalon., chap. 5. ℣. 21.
(3) Matth., chap. 10. ℣. 16.

férieurs ne doivent pas facilement s'ériger en juges des ordres de leurs supérieurs ; mais je dis qu'ils ont besoin de prudence pour connaître si les ordres des supérieurs sont conformes à la volonté de Dieu qui ordonne par exemple aux prêtres « de s'acquitter des devoirs de leur ministère (1) » , et de ne point craindre de rejeter tout ce qu'ils trouveraient y être contraire , selon cette maxime des Apôtres : « il faut obéir à Dieu plutôt qu'aux hommes » (2). Cependant, les personnes sans étude ne se rendraient capables que très-rarement , d'obéir sans réplique. Et pour vous faire plaisir , disons un mot à la militaire. Un ancien guerrier , fils d'une mère sainte : « je n'obéis point, s'écriait-il, « au commandement du Roi, mais au précepte de la loi « qui nous a été donnée par Moïse (3) ».

Eh bien ! mon camarade , me répéterez-vous encore que ce sont de vaines subtilités ? Allez, prenez-vous-en à Dieu même, si vous le pouvez, et laissez-moi tranquille.

A. Cependant vos observations vont recevoir un échec de la part d'un grand nombre de plaignants qui seront les plus forts, et vous devez les craindre.

R. Les forces de Goliath n'arrêtent point le courage de celui qui met sa confiance en Dieu.

> » Soumis avec respect à sa volonté sainte,
> « Je crains Dieu, cher Abner, et n'ai point d'autre crainte. »

A. Tout ce qui fait le sujet de vos Observations aurait été bon pour autrefois , mais aujourd'hui le bon goût sourira à vos traités et à vos idées , tant il les trouvera fades et dignes d'un auteur qui ne peut pas connaître la bonne manière d'écrire , ayant presque oublié celle de vivre.

R. Oui certainement, ma doctrine, mes opinions, ma méthode, tout sent le rance , mais tout témoigne à la fois contre la dégoûtante caducité de nouveaux dogmatiseurs ,

(1) 2.ᵉ Ép. à Timoth., chap. 4. ⅴ. 5.
(2) Act. des Apôt., chap. 5. ⅴ. 29.
(3) 2.ᵉ liv. de Machab., chap. 7. ⅴ. 30.

et pour les charmes d'un Évangile de dix-huit siècles, que son ancienne date ne pourra jamais faire vieillir.

Il est temps, mon ami, de mettre un terme à votre réfutation et à vos reproches, car vos conférences commencent déjà à m'ennuyer.

A. Ne vous fâchez pas, mon grand ami, tranquillisez-vous, et soyez persuadé, que votre doctrine et vos opinions ne diffèrent en rien de celles que je professe. Mes sentiments, tous, *nemine discrepante*, sont d'accord avec les vôtres. Nos entretiens, sans préjudice de notre bonne intelligence, ont percé dans leur avenir.

Il est très-utile à la Religion et à l'État que vos Observations voient le jour; j'ai le désir d'y insérer un article qui entre dans les intérêts de ma conscience. Voulez-vous me le permettre?

R. Très-volontiers. Écrivez.

A. « Caché sous le voile de l'anonyme, parce que mon
« nom est indigne d'être connu des personnes qui n'auraient
« eu nulle connaissance d'un de mes écrits, fait à Paris au
« mois de Mars 1829, brochure in-4.º de 20 pages, inti-
« tulée : *Pièces à consulter;* et me livrant aux sentiments
« d'une conscience émue par les devoirs les plus saints, je
« déclare à toutes les personnes qui ont lu ma dite bro-
« chure, que j'y aurais dû modifier certaines propositions
« trop hardies, et supprimer d'autres dont le silence m'au-
« rait évité les reproches qui ont pu m'être faits avec fon-
« dement. Je l'ai écrite, il est vrai, dans des moments d'é-
« motion qu'il ne m'était pas facile de maîtriser, mais je
« devais m'en être tout-à-fait abstenu. Si j'ai une peine,
« ce n'est que celle d'avoir donné sujet de médisances à
« l'effervescence de l'animosité de quelques hommes du
« monde contre les hommes du Ciel. C'est le surcroît de
« peine qui m'afflige, et pour m'en délivrer, j'implore l'in-
« dulgence de toutes les personnes qui ont lu mon *factum;*
« je les prie instamment de le regarder comme non avenu,
« de le condamner même aux flammes, de me pardonner

« le mauvais exemple que je leur ai donné avec, et de
« compâtir aux faiblesses des hommes respectables dont
« j'ai fait mention dans ledit écrit qui heureusement n'a pas
« été trop répandu ».

Le 15 Octobre 1831.

L'abbé N...

--------●--------

NOTA.

Si le Pèlerin ne signe pas cet écrit, c'est que sa po-
sition obscure n'étant pas capable d'inspirer de la confiance, il craint que ses Observations ne deviennent
odieuses aux yeux de quelques esprits minutieux et
très-jaloux de conserver leurs opinions et leur propre
gloire.